PATRIMÔNIO ACUMULADO
R$ 954,80

MANUAL PARA PESSOAS GERADORAS DE RIQUEZAS

LUÍS FELIPE DE OLIVEIRA

MUDE SUA VIDA COM R$ 954,80

AUTOR: LUÍS FELIPE DE OLIVEIRA

1º EDIÇÃO

Gmail: investimentodofuturo2018@gmail.com

"Me mande um depoimento quando terminar de ler. Será uma honra te responder"

INTRODUÇÃO

Saber dividir é uma dádiva, por mais que não saibamos qual será à proporção que se tomará. Uma coisa é certa, se a essência do ato é positiva, positivamente impactará as pessoas que viverem o propósito dele.

MENSAGEM

Para você que está lendo, espero contribuir para a sua vida de alguma forma, talvez tenha chegado, se você acreditar, a mudança de paradigma na forma como você passará a enxergar o que até agora você

achou tão pouco. Lembre-se, se você somente enxergar que lixo é lixo, NUNCA poderá entender que 400 toneladas de lixo a 1800 graus centígrados se transformam em um gás que alimenta uma turbina geradora de energia capaz de atender o equivalente a 10 mil casas no Japão. Da mesma forma, se você enxergar que o que ganha nunca é o suficiente, repito novamente a palavra, NUNCA enxergará as grandiosas oportunidades que você tem a possibilidade de realizar, viver e sentir.

"Somente olhe para frente, porquanto o que vai acontecer está no futuro e não no passado".

MENSAGEM

Sempre fui sonhador, a imaginação nunca cessou de compor sonhos que até hoje não desisti vivê-los. Como até o momento, o meio material para alcançá-los se chama dinheiro, tomei influência de várias práticas para poupá-lo, para que um dia pudesse cumprir com os desejos e sonhos que foram amadurecendo em mim desde a infância. Essa atitude aconteceu desde muito cedo a partir dos meus nove anos.

Ao longo da vida tomei influência de diversas teorias, ensinamentos e conselhos para que a alegria de desfrutar de uma realidade econômica positiva, não rumasse a uma distância inalcançável.

Tive diversas experiências traumáticas em relação a esse assunto, poderia "engordar" esse e-book com diversos episódios da minha vida, mas isso não vai acontecer, porquanto perdi muitas horas lendo experiências de terceiros o qual acreditei que depreendendo e remoendo cada linha até a última palavra, as coisas far-me-iam mais sentido, mas em 90% das vezes só perdi o meu tempo. Por quê? É simples, não tinha uma experiência prática e tudo se resumia em teorias e teorias.

"Se você já viveu isso também e se enfadou, você está no lugar certo, porque a partir de agora eu vou te mostrar regras simples e práticas que te ajudarão, demonstrando valores e resultados."

Tenha consigo um lápis, borracha e caderno para marcar as ideias chaves e realizar as experiências práticas.

CHEGA DE FRUSTRAÇÃO!!!

Então vamos começar com a minha experiência dentro de um ano, com um salário de

R$ 954,80

Ao entrar numa empresa multinacional como aprendiz no dia 22/Janeiro/2018, estava preso a um contrato que se findaria no dia 19/Dezembro/2018, ou seja, não dava nem um ano de estabilidade dentro da empresa. Então, na integração eu disse a mim mesmo: Não posso perder um dia sequer para ajuntar dinheiro! - E firmei esse compromisso comigo.

"Ah só um detalhe",

não sou de família rica, desde que trabalhei ajudei a pagar as contas em casa e meu pai estava desempregado nesse período.

Então, tudo se iniciou, eu tinha alguns benefícios como cesta-básica, transporte pago pela empresa, alimentação no local entre outros...

Mas ouça bem...

TUDO É UMA OPORTUNIDADE!

Na integração, foi informado que dentro da empresa tinha disponível uma Cooperativa de Valor, que nada mais é como você guardasse o seu dinheiro num banco e além de render mais do que a Poupança, você tem acesso a empréstimos com juros muito abaixos dos cobrados pelos bancos convencionais. A cooperativa que me associei na empresa, usava como base o Tesouro Direto.

Mas talvez você não tenha a definição do que é o TESOURO DIRETO, então vou exemplificar: Tesouro Direto é um Programa do Tesouro Nacional desenvolvido em 2002 para venda de títulos públicos federais para pessoas físicas, por meio da internet. Como funciona? É como se você emprestasse o seu dinheiro ao governo para ser investido em infraestruturas, escolas, hospitais e então o governo te remunera com juros – você se torna o gerente do banco, fornecendo o empréstimo, e o governo se torna o cliente.

O TESOURO DIRETO possui três títulos disponíveis para serem aderidos:

TESOURO SELIC: ele é chamado de pós-fixado, pois possui um rendimento diário e é indexado a taxa de juros do nosso país, a taxa Selic;
TESOURO PRÉ-FIXADO: como o próprio nome mostra, na compra desse título você é pré-informado do quanto você receberá na data de vencimento;
TESOURO IPCA: é um título indexado a inflação anual (IPCA = INFLAÇÃO) mais os juros anuais pagos pelo governo. A média de juros dos últimos anos foi de 5,6%. Então somente para te dar um exemplo prático, quando você for comprar um título IPCA vai aparecer mais ou menos assim:

Tesouro Direto	
Tesouro IPCA + 2035	
IPCA + 4,47%	22,5% a 15% de IR
A partir de R$ 31,92	
Vence em 15/05/2035	

Como você pôde perceber, o Tesouro Direto cobra Imposto de Renda na data de vencimento dos investimentos. Até o momento, no caso da maioria das aplicações em Renda Fixa, o Imposto de renda funciona da seguinte forma:

- Até 180 dias = alíquota de 22,5%
- De 181 a 360 dias = alíquota de 20%
- De 361 a 720 dias = alíquota de 17,5%
- Acima de 720 dias = alíquota de 15%

Os dias supracitados são referentes ao tempo que durará um investimento escolhido por você, o qual possui também uma taxa de Imposto de Renda correspondente. Mas mesmo cobrando o imposto, o Tesouro Direto consegue ser mais rentável que a Poupança.

Ou seja, somente de poupar **R$ 95,48** por mês, já me fez ter um ganho total de **R$ 781,88.**

Você pode pensar que é um valor baixo de rendimento, **MAS**, se fosse aplicado à poupança (rendimento da Poupança em 2018: **1,22%**) o valor total seria R$ 773, 15.

Não tenha um pensamento de que essa diferença é pouca, "mas que esse pouco vai se tornar MUITO em pouco tempo"

O pouco, aos pouco, se torna muito.

POIS BEM, CONTINUANDO...

Iniciei a minha batalha contra o tempo, queria guardar o máximo de dinheiro que pudesse para que ao fim desse quase um ano eu tivesse um bom dinheiro investido numa das oportunidades que as corretoras de valores oferecem.

Já logo no mês de Março me associei à cooperativa interna da empresa, guardando o máximo que a era permitido, 10% do meu salário (R$ 95,48). Isso resultou em **8 meses** de contribuição até o fim do meu contrato, um montante de R$ 763,84 mais R$ 18,04 **(1,38%)** que foi o rendimento do ano da cooperativa baseado no Tesouro Direto.

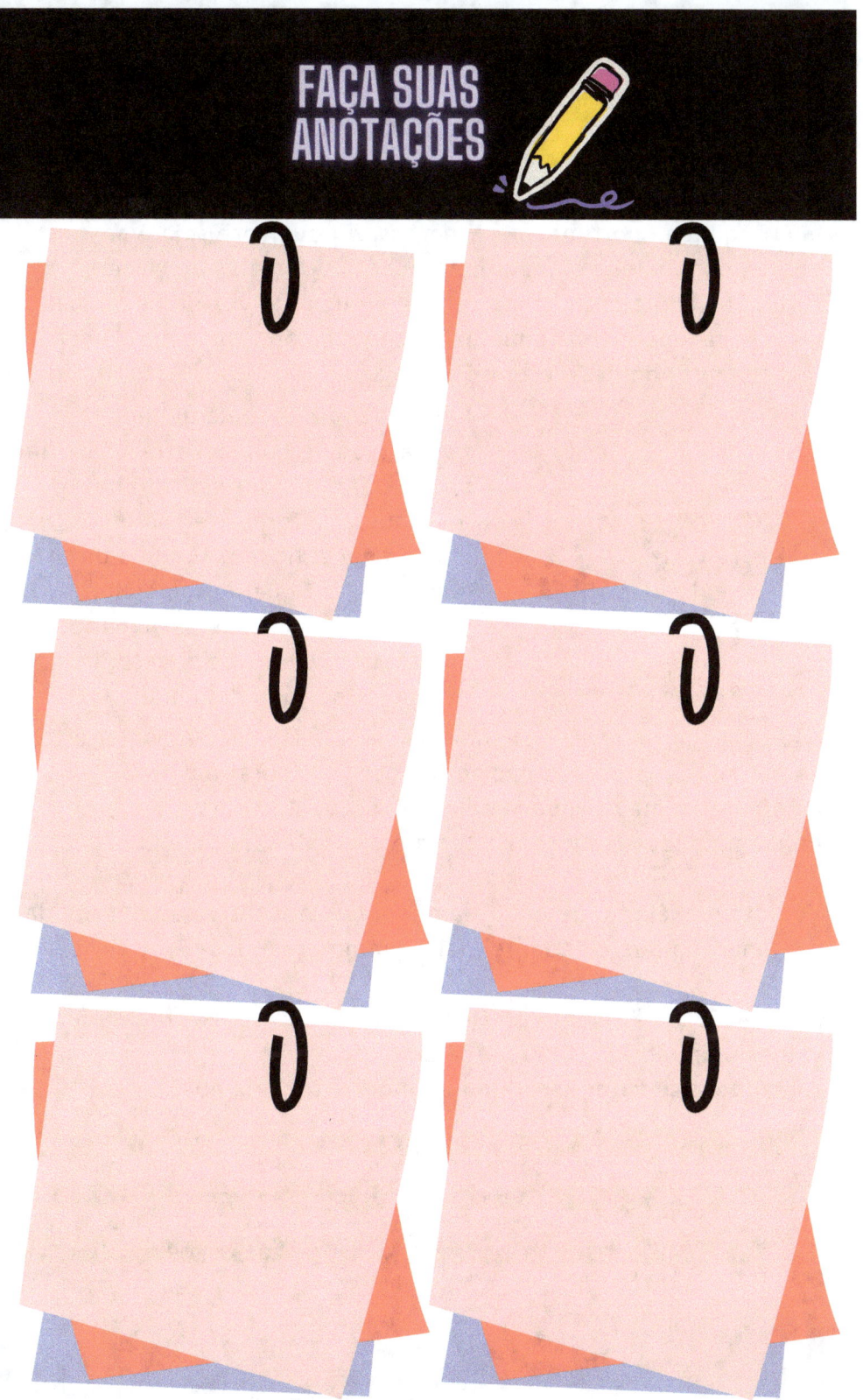

Então o que eu fiz?

Pesquisando e pesquisando... dialogando com os amigos... achei uma segunda oportunidade. **É necessário que você seja** uma pessoa que dialoga bastante, porquanto por mais que certa experiência não tenha dado certo a alguém, talvez nesse momento ao ouvi-la, **você tenha uma luz** e ache uma oportunidade de como fazer através do desacerto de outro(a).

Enfim, adaptei a ideia de um aplicativo que conheci através de um amigo para guardar mais dinheiro, mas moldei a forma de acordo as minhas necessidades. A ideia do aplicativo era guardar um valor por semana e a cada semana somar ao montante o valor inicial escolhido, durante o período de um ano. Mas eu não conseguiria fazer isso, pois se começasse com um valor alto, na metade do processo não seria possível dobrar o valor mediante ao meu pequeno salário, porquanto como disse eu também pagava contas, abastecia o carro da família e etc...

Vou dar o exemplo de qual era a ideia do aplicativo e em seguida explanarei o que eu adaptei para a minha realidade.

APLICATIVO – Exemplo prático: digamos que eu escolhesse um valor inicial de **R$ 10,00**, a ideia do aplicativo é ir a cada semana **somando esse valor escolhido** ao montante. Veja abaixo:

	1°Semana	2°Semana	3°Semana	4°Semana	5°Semana
R$	10,00	20,00	30,00	40,00	50,00
	6°Semana	7°Semana	8°Semana	9°Semana	10°Semana
R$	60,00	70,00	80,00	90,00	100,00
	11°Semana	12°Semana	13°Semana	14°Semana	15°Semana
R$	110,00	120,00	130,00	140,00	150,00

... E Assim sucessivamente. Como um ano tem **52 semanas**, pode-se imaginar que o último valor a ser guardado seria muito alto para um salário de apenas **R$ 954,80**, o qual no seu valor líquido diminuía para **R$ 893,22**. E como eu já guardava 10% dele (salário Bruto – 954,80) na cooperativa, sobrava-me apenas **R$ 797,74**. Mas, se eu começasse com um valor baixo, por exemplo **R$ 1,00**, eu conseguiria completar o objetivo das 52 semanas, porém, o valor que eu conseguiria não era o que eu gostaria de arrecadar no final do ano. Veja a tabela:

Semana	Valor Depositado	Saldo da conta	Semana	Valor Depositado	Saldo da Conta
1	R$ 1,00	R$ 1,00	27	R$ 27,00	R$ 378,00
2	R$ 2,00	R$ 3,00	28	R$ 28,00	R$ 406,00
3	R$ 3,00	R$ 6,00	29	R$ 29,00	R$ 435,00
4	R$ 4,00	R$ 10,00	30	R$ 30,00	R$ 465,00
5	R$ 5,00	R$ 15,00	31	R$ 31,00	R$ 496,00
6	R$ 6,00	R$ 21,00	32	R$ 32,00	R$ 528,00
7	R$ 7,00	R$ 28,00	33	R$ 33,00	R$ 561,00
8	R$ 8,00	R$ 36,00	34	R$ 34,00	R$ 595,00
9	R$ 9,00	R$ 45,00	35	R$ 35,00	R$ 630,00
10	R$ 10,00	R$ 55,00	36	R$ 36,00	R$ 666,00
11	R$ 11,00	R$ 66,00	37	R$ 37,00	R$ 703,00
12	R$ 12,00	R$ 78,00	38	R$ 38,00	R$ 741,00
13	R$ 13,00	R$ 91,00	39	R$ 39,00	R$ 780,00
14	R$ 14,00	R$ 105,00	40	R$ 40,00	R$ 820,00
15	R$ 15,00	R$ 120,00	41	R$ 41,00	R$ 861,00
16	R$ 16,00	R$ 136,00	42	R$ 42,00	R$ 903,00
17	R$ 17,00	R$ 153,00	43	R$ 43,00	R$ 946,00
18	R$ 18,00	R$ 171,00	44	R$ 44,00	R$ 990,00
19	R$ 19,00	R$ 190,00	45	R$ 45,00	R$ 1.035,00
20	R$ 20,00	R$ 210,00	46	R$ 46,00	R$ 1.081,00
21	R$ 21,00	R$ 231,00	47	R$ 47,00	R$ 1.128,00
22	R$ 22,00	R$ 253,00	48	R$ 48,00	R$ 1.176,00
23	R$ 23,00	R$ 276,00	49	R$ 49,00	R$ 1.225,00
24	R$ 24,00	R$ 300,00	50	R$ 50,00	R$ 1.275,00
25	R$ 25,00	R$ 325,00	51	R$ 51,00	R$ 1.326,00
26	R$ 26,00	R$ 351,00	52	R$ 52,00	R$ 1.378,00

Se eu optasse pelo valor de R$ 2,00 o resultado seria mais atraente, mas entre a SEMANA 27° e 30°, asquais estão dentro do mês de Julho, o valor total guardado dessas quatro semanas seria de **R$ 228,00** e eu não conseguiria cumprir com a tabela porquanto ultrapassaria o valor que sobrava **mensalmente** na minha conta bancária, o qual variava entre **R$ 190,00 e R$ 200,00**

Ou seja, dos **R$ 797,74** (valor disponível na minha conta bancária, já descontado todos os impostos e os 10% da cooperativa), aproximadamente **R$ 597,74** eram gastos com **despesas em minha casa**, sobrando-me **R$ 200,00 todos os meses**.

Semana	Valor depositado em R$	Saldo da conta em R$	Semana	Valor depositado em R$	Saldo da conta em R$
1	2,00	2,00	27	54,00	756,00
2	4,00	6,00	28	56,00	812,00
3	6,00	12,00	29	58,00	870,00
4	8,00	20,00	30	60,00	930,00
5	10,00	30,00	31	62,00	992,00
6	12,00	42,00	32	64,00	1.056,00
7	14,00	56,00	33	66,00	1.122,00
8	16,00	72,00	34	68,00	1.190,00
9	18,00	90,00	35	70,00	1.260,00
10	20,00	110,00	36	72,00	1.332,00
11	22,00	132,00	37	74,00	1.406,00
12	24,00	156,00	38	76,00	1.482,00
13	26,00	182,00	39	78,00	1.560,00
14	28,00	210,00	40	80,00	1.640,00
15	30,00	240,00	41	82,00	1.722,00
16	32,00	272,00	42	84,00	1.806,00
17	34,00	306,00	43	86,00	1.892,00
18	36,00	342,00	44	88,00	1.980,00
19	38,00	380,00	45	90,00	2.070,00
20	40,00	420,00	46	92,00	2.162,00
21	42,00	462,00	47	94,00	2.256,00
22	44,00	506,00	48	96,00	2.352,00
23	46,00	552,00	49	98,00	2.450,00
24	48,00	600,00	50	100,00	2.550,00
25	50,00	650,00	51	102,00	2.652,00
26	52,00	702,00	52	104,00	2.756,00

Então o que eu fiz foi:

1. Analisei o valor líquido que sobrava do meu salário mensalmente, como já justifiquei acima, pagando todas as contas, depois de comprar coisas necessárias no mercado e arcar com algumas despesas a parte, percebi que de **R$ 797,74** sobrava como já disse, uma média de **R$ 190,00 a R$ 200,00** por mês (variava um pouco, por isso destaquei os dois valores). **Mas atenção:** Somente sobrava esse valor porque durante o mês inteiro eu era muito consciente sobre tudo, **por exemplo**, Luz somente quando necessário, água utilizada com consciência, moedas que sobravam não eram utilizadas com aquilo que não era preciso, mas sim guardadas **(priorizava moedas de R$ 0,50 e R$ 1,00)** ; Ah, mais um detalhe: minha mãe e irmã trabalhavam nesse período também.

Eu fiz toda essa análise, porque eu estabeleci um objetivo, "porquanto o sonho de alguma coisa nos move e nos dá forças inimagináveis para enfrentar tudo até o ÊXITO".

Resumindo: Estabeleça um sonho; seja coerente com as despesas e analise o que sobra;

2. Não basta somente guardar, mas sim constatar a oportunidade de se regrar em algumas atitudes simples que **te garanto**, é possível guardar ainda **MAIS** (não vou dar diretrizes específicas, pois cada um sabe em que desperdiça ou gasta mais do que o necessário). Não estou dizendo que é para eliminar alguns mimos particulares, porquanto eu fazia todas as minhas economias e ainda comprava de vez enquanto meu sorvete, que adoro, e abastecia o carro para passear com a família. Em suma, regrando-se você não perde o lazer, mas deve ter consciência que não é todos os dias que você vai ter o luxo de sair e gastar, mesmo que seja pouco. **Lembre-se, cada centavo é importante! E lembre-se de novo**, o seu foco agora não é gastar, mas guardar.

Resumindo: Constate a "prioridade" e aproveite as oportunidades, mas para isso faça renúncias;

3. Você sabe que o ser humano é altamente adaptativo, certo? Então olhe a minha estratégia, como disse sobrava-me R$ 200,00 em média, então fui tirando da minha conta corrente, **uma vez por semana**, uma parcela desse valor, **e por que fiz isso?** Porque quando a gente retira um valor de "pouco em pouco", **adaptamos a nossa necessidade de compra ao valor que sobrou e assim gastamos somente com o necessário.** Então veja como eu fazia essa divisão de valores no mês:

	1º Semana	2º Semana	3º Semana	4º Semana
JANEIRO	R$ 20,00	R$ 40,00	R$ 60,00	R$ 80,00
FEVEREIRO	R$ 20,00	R$ 40,00	R$ 60,00	R$ 80,00
MARÇO	R$ 20,00	R$ 40,00	R$ 60,00	R$ 80,00
ABRIL	R$ 20,00	R$ 40,00	R$ 60,00	R$ 80,00
MAIO	R$ 20,00	R$ 40,00	R$ 60,00	R$ 80,00
JUNHO	R$ 20,00	R$ 40,00	R$ 60,00	R$ 80,00
JULHO	R$ 20,00	R$ 40,00	R$ 60,00	R$ 80,00
AGOSTO	R$ 20,00	R$ 40,00	R$ 60,00	R$ 80,00
SETEMBRO	R$ 20,00	R$ 40,00	R$ 60,00	R$ 80,00
OUTUBRO	R$ 20,00	R$ 40,00	R$ 60,00	R$ 80,00
NOVEMBRO	R$ 20,00	R$ 40,00	R$ 60,00	R$ 80,00
DEZEMBRO	R$ 20,00	R$ 40,00	R$ 60,00	R$ 80,00
13º			R$ 200,00	
MOEDAS			R$ 230,00	
COOPERATIVA			R$ 781,88	
TOTAL				R$ 3611,88

OBS 1: Você pode pensar: **"mas é difícil guardar esses R$ 80,00 na 4º semana!"** - Vou te mostrar como isso é possível: **Como você pode ver eu deixei o valor mais alto no final do mês porque no início do próximo mês eu já recebia o meu pagamento, ou seja,**

essa falta dos R$ 80,00 durava muito pouco. E por que eu fiz dessa forma Crescente? (R$ 20,00/R$ 40,00/R$ 60,00/ R$ 80,00) – **SIMPLES**, no começo do mês é quando há maior quantidade de despesas salariais e, além disso, sempre aparece algumas novas necessidades junto ao orçamento, **ENTÃO**, a medida que as **contas iam sendo pagas, eu aumentava o valor a ser guardado...** E posso dizer com propriedade: **Deu muito certo!**

OBS 2: na linha do "**13°**", você pode ver que eu coloquei somente os R$ 200,00, você pode pensar: "mas você deveria ter guardado o 13° inteiro, porquanto nesse mês você recebeu duas vezes o seu salário!" – **Sim, concordo plenamente com você! Se eu pudesse ter guardado integralmente o 13°, seria maravilhoso, mas infelizmente tive que guardar para o IPTU da casa e Licenciamento do carro (lembra que eu ajudava meus pais?). Por isso, se você tem a possibilidade de guardar esse salário extra no final do ano, GUARDE SEM MEDO!**

E por que eu estou passando todos esses detalhes de contas que tive que pagar durante o processo de investimento? Para provar a você que mesmo arcando com despesas planejadas e não planejadas, é possível conseguir dentro de um único ano uma grande quantia em dinheiro que te fará orgulhar-se de si mesmo(a).

SEGUINDO...

Lembra quando eu falei, **Aproveita as oportunidades?** Pois bem, é importante salientar que você seja uma pessoa extremamente observadora sobre absolutamente **TUDO** o que envolve dinheiro, sabe por quê? Você observou essa linha "laranja" na tabela acima, que qualifica as moedas? Então, esse valor foi possível porque durante **4 meses**, todos os dias com o consentimento dos meus pais, eu guardava entre **uma e três moedas** e fiz disso um hábito. Então aquele troco do pão, do material de limpeza e da carne do açougue, não **DESPERDICE**, em longo prazo fará toda a diferença. Como frisei, eu fiz isso durante somente quatro meses, imagina se eu continuasse fazendo por um ano, pela proporção eu teria ao equivalente a **R$ 690,00** – por isso, não desista das moedas! Observe a conta abaixo:

$$12 \text{ meses} - X$$
$$4 \text{ meses} - R\$ 230,00$$

$$4X = 12 \times 230,00$$
$$4X = 2760,00$$
$$X = \frac{2760,00}{4}$$
$$X = 690,00$$

"REGRA DE TRÊS"

Veja os meus registros

08/Jun/2018

1,00 = R$ 120,00
0,50 = R$ 70,00
0,25 = R$ 20,00
0,10 = R$ 11,00
0,05 = R$ 2,00
Sobra = R$ 7,00

R$ 230,00

Outro detalhe importante, na mesma tabela que coloquei os resultados, **abaixo da linha das "MOEDAS"** está evidenciado a linha da **COOPERATIVA**. Como declarei durante a minha experiência, eu além de realizar essa metodologia dos R$ 200,00 eu ainda guardava na Cooperativa da empresa R$ 95,48, e como disse, acumulei durante os 8 meses de contribuição R$ 763,84 + R$ 18,04 de rendimento, totalizando R$ 781,88.

Este é o extrato do meu saldo na cooperativa em dezembro de 2018. O rendimento de R$ 18,04 foi compensado quatro meses mais tarde.

> O ser humano de um modo geral é muito visual, sendo assim durante esse ciclo de investimentos dentro do ano de 2018, eu fiz alguns registros fotográficos. Vou compartilhar com você o quanto eu consegui guardar entre os meses de outubro e início de dezembro:

Resultados alcançados no decorrer do ano

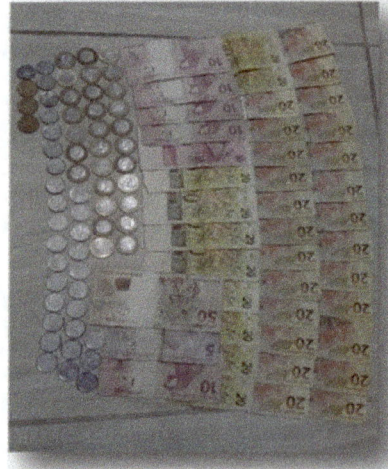

Resumindo: Tenha uma visão a longo prazo

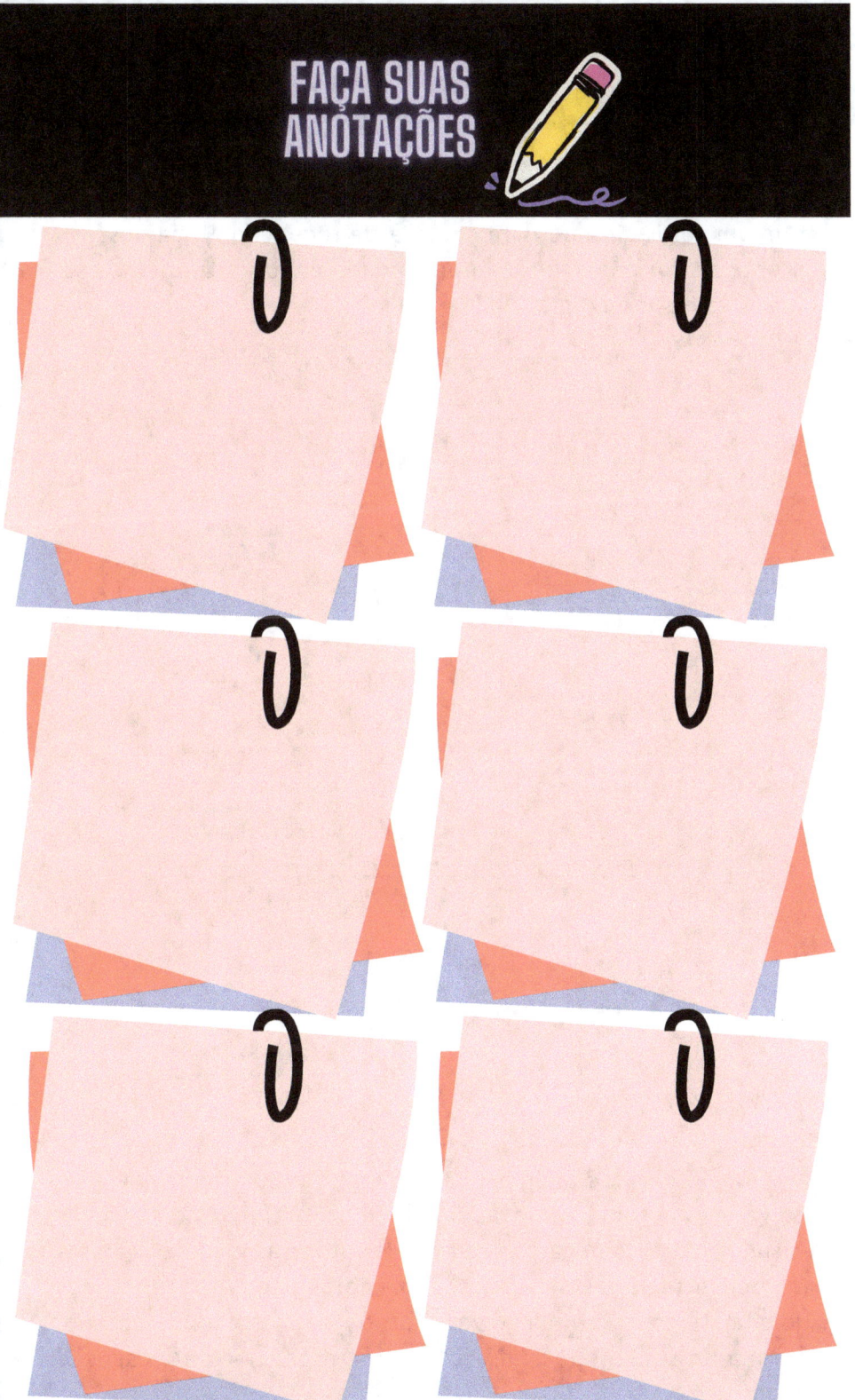

4. Ao acumular todo esse total, eu investi o dinheiro numa corretora de valor que sou cadastrado. Todos os dias eu recebo no meu e-mail propostas de investimentos os quais alguns deles têm um valor mínimo para começar, e recebendo uma dessas propostas foi que achei a oportunidade em um título e investi. Como esse, por exemplo:

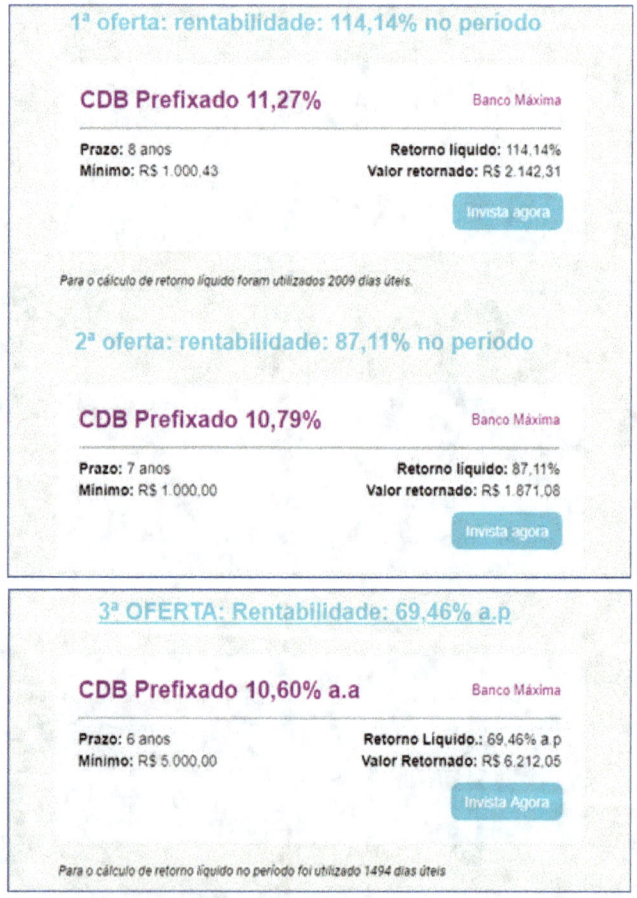

Como disse, é apenas um exemplo, porquanto as corretoras de valores detém uma infinidade de oportunidades com valores variados para começar, os quais possibilitarão grandes ganhos em pouco tempo. Mostrei esses exemplos para você ter a noção de como é possível investir quando tiver um dinheiro sobrando, porquanto somente assim você poderá potencializar os seus ganhos.

Como disse, é apenas um exemplo, porquanto as corretoras de valores detém uma infinidade de oportunidades com valores variados para começar, os quais possibilitarão grandes ganhos em pouco tempo. Mostrei esses exemplos para você ter a noção de como é possível investir quando tiver um dinheiro sobrando, porquanto somente assim você poderá potencializar os seus ganhos.

Existe uma infinidade de investimentos caracterizados por **Renda Fixa e Renda Variável**, sugiro que você comece a pesquisar mais sobre eles para que possa entender mais sobre esse mundo dos investimentos.

SEGUINDO...

Vamos fazer uma **pequena estimativa** com a metodologia que utilizei em 2018, **veja só o raciocíneo:**

Se eu repetir o processo QUE FIZ NO ANO DE 2018:

1º - Com o mesmo salário Bruto de R$ 954,80, mas ao fim do ano guardando o 13º INTEIRO;

2º - Desconsiderando reajuste salarial;

3º - Guardando moedas de janeiro a dezembro mediante à proporção que fiz: "Se em 4 meses acumulei R$ 230,00, em 12 meses estaria com um valor aproximado de R$ 690,00" (lembre-se que estamos trabalhando com proporção, esse valor na realidade pode variar);

4º - Guardando os mesmos 10% do salário, de Janeiro a Dezembro, mas sem colocar na cooperativa de valor;

Os resultados que terei, poupando esses valores do meu salário durante um ANO INTEIRO, serão aproximadamente:

TABELA ILUSTRATIVA ANUAL

	1º Semana	2º Semana	3º Semana	4º Semana
JANEIRO	R$ 20,00	R$ 40,00	R$ 60,00	R$ 80,00
FEVEREIRO	R$ 20,00	R$ 40,00	R$ 60,00	R$ 80,00
MARÇO	R$ 20,00	R$ 40,00	R$ 60,00	R$ 80,00
ABRIL	R$ 20,00	R$ 40,00	R$ 60,00	R$ 80,00
MAIO	R$ 20,00	R$ 40,00	R$ 60,00	R$ 80,00
JUNHO	R$ 20,00	R$ 40,00	R$ 60,00	R$ 80,00
JULHO	R$ 20,00	R$ 40,00	R$ 60,00	R$ 80,00
AGOSTO	R$ 20,00	R$ 40,00	R$ 60,00	R$ 80,00
SETEMBRO	R$ 20,00	R$ 40,00	R$ 60,00	R$ 80,00
OUTUBRO	R$ 20,00	R$ 40,00	R$ 60,00	R$ 80,00
NOVEMBRO	R$ 20,00	R$ 40,00	R$ 60,00	R$ 80,00
DEZEMBRO	R$ 20,00	R$ 40,00	R$ 60,00	R$ 80,00
13º	R$ 954,80			
MOEDAS	R$ 690,00			
10% SALÁRIO em 12 meses	R$ 1145,76			
TOTAL	R$ 5190,56			

Olha só a diferença!!!

R$ 5190,56 - R$ 3611,88 = 1578,68

Aproximadamente

43,708% a mais

E como você pôde perceber, com apenas um salário de R$ 954,80.

Você viu como dentro de um ano é possível ter esse valor?

E só foi possível a partir de escolhas e não sorte...

"Lembre-se, esse método visa te **reeducar para poupar dinheiro**. Imagine se ao mesmo tempo que você **poupar** você venha **INVESTIR** em **bons ativos de ações e fundos imobiliários** que pagam **DIVIDENDOS** ou até mesmo na **Renda Fixa**, com certeza o valor que você conquistará no final de cada ano será bem maior que os **R$ 5190,56** que citei acima."

E como disse no início, **"à medida que você for evoluindo no seu salário, você usará da proporção para aumentar ainda mais seu patrimônio". Utilizando a mesma metodologia do raciocínio anterior**, se você ganha ou passa a ganhar o dobro desse valor **(1909,60)**, facilmente você pode chegar a resultados ainda maiores.

Observe as opções que separei na prática para você:

Situação 1: Digamos que você seja casado(a), seu cônjuge também trabalha, vocês possuem um filho(a)e possuem despesas com aluguel. Contando somente com o teu salário de **R$ 1909,60**, suponhamos que você não pode **guardar o dobro** do que eu guardava por mês (R$ 295,48), mas pode aumentar essa quantidade pelo menos um pouco. Ao invés de guardar nas semanas do mês:

1º Semana	2º Semana	3º Semana	4º Semana	Total/Mês
R$ 20,00	R$ 40,00	R$ 60,00	R$ 80,00	R$ 200,00
10% do Salário: R$ 95,48				R$ 95,48
				R$ 295,48

...Você vai aumentar "a mais em cada semana", **R$20,00 e guardar 5% do seu salário.** Ou seja:

1º Semana	2º Semana	3º Semana	4º Semana	Total/Mês
R$ 40,00	R$ 60,00	R$ 80,00	R$ 100,00	R$ 280,00
5% do Salário: R$ 95,48				R$ 95,48
				R$ 375,48

Observe que, por mais que aos teus olhos foi pouco o aumento de valor semanal, veja como em longo prazo faz toda a diferença no valor **FINAL**:

	1º Semana	2º Semana	3º Semana	4º Semana
JANEIRO	R$ 40,00	R$ 60,00	R$ 80,00	R$ 100,00
FEVEREIRO	R$ 40,00	R$ 60,00	R$ 80,00	R$ 100,00
MARÇO	R$ 40,00	R$ 60,00	R$ 80,00	R$ 100,00
ABRIL	R$ 40,00	R$ 60,00	R$ 80,00	R$ 100,00
MAIO	R$ 40,00	R$ 60,00	R$ 80,00	R$ 100,00
JUNHO	R$ 40,00	R$ 60,00	R$ 80,00	R$ 100,00
JULHO	R$ 40,00	R$ 60,00	R$ 80,00	R$ 100,00
AGOSTO	R$ 40,00	R$ 60,00	R$ 80,00	R$ 100,00
SETEMBRO	R$ 40,00	R$ 60,00	R$ 80,00	R$ 100,00
OUTUBRO	R$ 40,00	R$ 60,00	R$ 80,00	R$ 100,00
NOVEMBRO	R$ 40,00	R$ 60,00	R$ 80,00	R$ 100,00
DEZEMBRO	R$ 40,00	R$ 60,00	R$ 80,00	R$ 100,00
13º	R$ 1909,60			
MOEDAS	R$ 690,00			
5% SALÁRIO em 12 meses	R$ 1145,76			
TOTAL	R$ 7105,36			

...observe que, mostrei o que é possível conseguir de valor com um único salário. Agora, pense na possibilidade da **participação do salário do seu cônjuge**, mesmo que seja num **valor inferior** ao que fizemos na simulação, ao ajuntar esses valores no final do ano, o resultado será bem melhor do que **R$ 7105,36**. Mas, para que isso aconteça comprometa-se de verdade, porquanto quando você enxergar o resultado pela **primeira vez** mediante seu esforço, o valor adquirido te motivará a contemplar um resultado ainda melhor na **segunda vez e assim sucessivamente.**

Veja como na prática tudo se esclarece. Espero ter contribuído até aqui com você e para o seu suado patrimônio mensal. Mas ainda não acabou, além de te educar a poupar seu dinheiro, quero te mostrar as possibilidades de investi-lo.

OBS: Em relação à porcentagem guardada do salário, faça-o de acordo as suas necessidades, assim também como os valores guardados na semana. **Eu somente estou te dando ideias práticas e possíveis com tais salários.**

> Veja como na prática tudo se esclarece. Espero ter contribuído até aqui com você e para o seu **suado patrimônio mensa**l. Mas ainda não acabou, além de te educar a poupar seu dinheiro, quero te mostrar as possibilidades de investi-lo.

Vamos a próxima possibilidade...

Situação 2: você é casado(a), seu conjure também trabalha, vocês possuem um filho(a)e possuem casa própria. Contando somente com o teu salário de **R$ 1909,60, você tem a possibilidade de**

guardar o dobro do que eu guardava por mês (R$ 295,48). Então observe as tabelas representativas da sua conta mensal e por fim anual:

1º Semana	2º Semana	3º Semana	4º Semana	Total/Mês
R$ 40,00	R$ 80,00	R$ 120,00	R$ 160,00	R$ 400,00
10% do Salário: R$ 190,96				R$ 190,96
				R$ 590,96

	1º Semana	2º Semana	3º Semana	4º Semana
JANEIRO	R$ 40,00	R$ 80,00	R$ 120,00	R$ 160,00
FEVEREIRO	R$ 40,00	R$ 80,00	R$ 120,00	R$ 160,00
MARÇO	R$ 40,00	R$ 80,00	R$ 120,00	R$ 160,00
ABRIL	R$ 40,00	R$ 80,00	R$ 120,00	R$ 160,00
MAIO	R$ 40,00	R$ 80,00	R$ 120,00	R$ 160,00
JUNHO	R$ 40,00	R$ 80,00	R$ 120,00	R$ 160,00
JULHO	R$ 40,00	R$ 80,00	R$ 120,00	R$ 160,00
AGOSTO	R$ 40,00	R$ 80,00	R$ 120,00	R$ 160,00
SETEMBRO	R$ 40,00	R$ 80,00	R$ 120,00	R$ 160,00
OUTUBRO	R$ 40,00	R$ 80,00	R$ 120,00	R$ 160,00
NOVEMBRO	R$ 40,00	R$ 80,00	R$ 120,00	R$ 160,00
DEZEMBRO	R$ 40,00	R$ 80,00	R$ 120,00	R$ 160,00
13º	R$ 1909,60			
MOEDAS	R$ 690,00			
10% SALÁRIO em 12 meses	R$ 2291,52			
TOTAL	R$ 9691,12			

Tudo isso em um ano!!!

Acredito que uma imagem valha mais que muitas palavras. É **nítido** o que você é capaz de ajuntar dentro de um único ano, considerando somente um salário. Por isso, peça ajuda do seu cônjuge nessa "empreitada". **Se pensarmos em 5 anos** com essa metodologia, além de **aplicar o dinheiro em investimentos de renda fixa ou variável**, você poderá facilmente comprar à vista o carro dos sonhos, realizar o aniversário tão sonhado do filho(a), fazer aquela viagem internacional, entre outras coisas...

MAIS DICAS E RECOMENDAÇÕES

1. Aprenda ter o hábito de dividir o seu salário atual e futuro em **3 partes.** Digamos que você ganha **R$ 1500,00** líquido por mês: estabeleça R$ 1000,00 para passar o mês(claro, se isso for possível, o valor pode variar um pouco)

Bom, eu disse que lhe mostraria em que lugar você deveria investir o seu dinheiro. Pois bem, após aprender como se **educar** para **guardar o seu próprio dinheiro** através das técnicas que compartilhei com você, veja o lugar que você pode colocar o seu dinheiro para que ele trabalhe para você:

	R$ 500,00	Mês
Salário – R$ 1500,00	R$ 500,00	Contas
	R$ 500,00	Investimento

2. Faça a **"Regra do zero"** todos os dias, ou seja, se você tem um valor "quebrado" na sua carteira como, por exemplo, R$ 126,50, guarde R$ 6,50, restando-lhe R$ 120,00. Realize isso todos os dias!

3. Se você não tem contato com moedas, diante do uso constante do cartão de crédito, marque no bloco de notas do seu celular todo final de dia os valores "quebrados" que sobram na sua conta bancária. Dessa forma, uma vez por mês você saca esse valor e guarda.

Como lhe contei na página "4", qualquer título do **O Tesouro Direto** consegue ser mais rentável que a **Poupança**. Veja quanto à Poupança estava rendendo no ano de 2019:

> 06/02/2019
> por Luciano Tavares
>
> O Banco Central decidiu manter a taxa Selic (a taxa básica de juros da economia) em 6,5% ao ano pela sétima vez seguida. Esse continua sendo o menor juro da história do Brasil, mas como ele afeta o rendimento da poupança?
>
> **O rendimento da poupança hoje é de 4,55% ao ano**, bem abaixo da rentabilidade de outras aplicações financeiras. Vamos explicar ao longo deste post como esse cálculo é feito e quais opções de investimentos rendem mais do que a caderneta.
>
> Ou seja: se você investir R$ 100 na poupança hoje, sem dúvida você sacará R$ 104,55 no ano que vem, de acordo com os indicadores atuais de rentabilidade da poupança.

Período	Rendimento
Rendimento da poupança	6,17% ao ano + TR
Rendimento no mês de maio/24	0,54%
Rendimento TR mês de maio/24	0,04%
Rendimento acumulado em 2024	3,4%
Rendimento últimos 12 meses	7,33%

Observe que no ano de 2024 o rendimento da poupança não mudou muito, principalmente considerando que a inflação aumentou também.

Agora observe um título do **Tesouro Direto**, usaremos o **Tesouro Selic**: como próprio nome diz, é Tesouro Selic porquanto ele usa **100%** do rendimento anual da **Taxa Selic**. Veja qual é a porcentagem da Taxa Selic hoje:

> Taxa selic hoje
> **10,25%**
> Taxa Selic anual definida pelo COPOM

Agora observe um título do **Tesouro Direto**, usaremos o **Tesouro Selic**: como próprio nome diz, é Tesouro Selic porquanto ele usa **100%** do rendimento anual da **Taxa Selic**. Veja qual é a porcentagem da Taxa Selic hoje:

Você pode pensar que é pouca a diferença entre ambos, mas em **longo prazo** faz toda a diferença. Além disso, existem outros muitos investimentos que rendem mais que a poupança o qual você somente encontrará em **"Corretoras de Valores"**.

Corretoras de valores são instituições financeiras voltadas para investimentos. Você abre sua conta em uma corretora como faz em um banco, mas para fins bem diferentes: uma corretora não oferece empréstimos, financiamentos, cartões de créditos ou pagamentos e, sim, opções para aplicar seu dinheiro e fazê-lo render.

O Principal papel de uma corretora é atuar como intermediária na compra e venda de ativos financeiros. Elas são instituições autorizadas a atuar como uma **ponte de ligação entre os investidores e a Bolsa de Valores na compra e venda de ações, mas também podem oferecer títulos públicos federais** (negociados por meio do programa do Tesouro Direto) e títulos de crédito privados (como **CDBs, LCIs, LCAs, debêntures**, entre outros), cotas de fundos de investimento e várias outras opções.

CDB é uma sigla que designa um título bastante conhecido na renda fixa brasileira, o **Certificado de Depósito Bancário**. Essa aplicação é oferecida por corretoras e bancos para captação de fundos e rende juros prefixados ou pós fixados, **superiores à poupança. O CDB rende mais do que a poupança**, mas a aplicação oferece juros variados em cada título, dependendo da instituição financeira, do prazo de vencimento, do período de carência e do montante mínimo;

LCI é a sigla para **Letras de Crédito Imobiliário** e se trata de um título emitido por instituições financeiras composto por créditos imobiliários. Na prática, a LCI é um **empréstimo de dinheiro realizado pelo investidor a um banco ou financeira** autorizados pelo Banco Central a fazer operações de financiamento de imóveis.

O valor captado pela LCI é utilizado pela instituição financeira para fomentar atividades no setor imobiliário, ou seja, **o investidor empresta capital ao banco que repassa esse dinheiro para interessados em construir de imóveis, por ex.**

Com isso, pode-se dizer que a **LCI é um título lastreado em ativos imobiliários**, tendo assim os próprios imóveis como garantia. Para a **LCA (Letras de Crédito do Agronegócio)**, o funcionamento é o mesmo da LCI. A mudança é apenas em seu propósito: em vez de financiar imóveis, os seus recursos são destinados a **fomentar o setor agropecuário**;

Debêntures são títulos de dívidas emitidos por empresas, que podem ser de **médio ou longo prazo** e que tornam o investidor um credor da empresa. Esses títulos existem e são emitidos para que a empresa seja capaz de captar recursos para realizar uma série de investimentos e atuações que são necessárias ao seu funcionamento.

Como o investimento funciona como uma espécie de empréstimo para a empresa, o investidor é remunerado com uma determinada rentabilidade em forma de taxa de juros. Essa taxa é fixada pela própria empresa, que oferece isso como uma forma de atrair novos investidores.

Há outros gêneros de investimentos, como **"mercado de ações", fundos de investimentos, COE, entre outros. O que quero lhe mostrar é que há diversas possibilidades de você aplicar o seu dinheiro sobre ótimas oportunidades com taxas altas de rendimento semestral e anual**, sem depender da Poupança que além de ter decaído na sua taxa de rendimento nos últimos anos, também não tem conseguido ficar acima da inflação que todos os anos têm aumentado.

CDI - Certificado de depósito interbancário: Na prática isso é quando os bancos emprestam dinheiro entre si e essa modalidade de empréstimo de curtíssimo prazo é de até 24 horas, por esse motivo dá-se o nome CDI. O banco central tem uma regra que diz que os bancos precisam fechar o dia com um saldo positivo, quando isso não acontece, os bancos que necessitam, pegam dinheiro emprestado de outros bancos que estão com saldo positivo para manter o caixa em ordem. Ou seja, o **CDI não é um investimento e sim um indexador de referência em Renda Fixa: CDB, LCI, LCA, LC**.

Então observe esse **CDB** abaixo, o qual se baseia pela **taxa do CDI** para ter **rendimento**. Quando você for compra-lo, ele aparecerá mais ou menos assim:

```
CDB                                          127% do CDI
Banco Maxima                                   15% de IR
Valor mínimo: R$ 1.000,00                Vence em: 22/04/2027

Simulação: Investindo R$ 1.000,00   Valor líquido estimado: R$ 2.199,76
```

Como você pôde ver, Esse **CDB está rendendo ao ano 127% do CDI**. Dessa forma, é preciso fazer uma conta simples de matemática para ver o quanto a mais, em relação à taxa do CDI, será esse rendimento, veja:

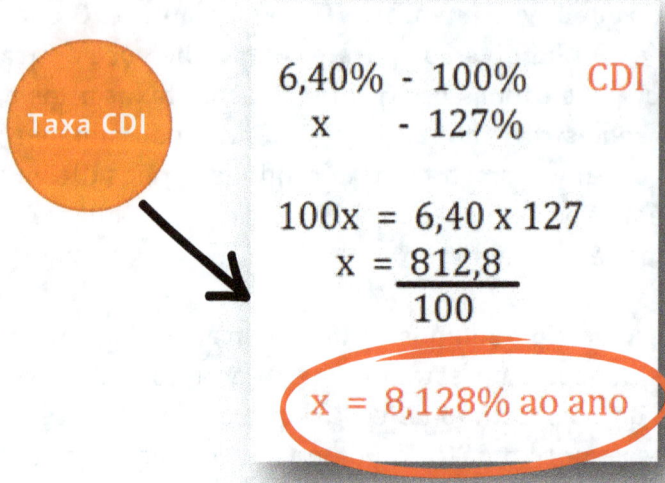

Olha só! O rendimento desse CDB foi quase o dobro da poupança.

A dica é: sempre busque CDB com taxa acima de 100% do CDI

OBS: Não vou ficar exemplificando cada opção de investimento, porquanto as próprias corretoras de valores já deixam disponíveis o que é cada investimento no momento da compra...

ENTÃO QUAL É O PRIMEIRO PASSO?

...Abrir uma conta numa corretora de valor. Como o cadastro é **gratuito**, você pode se cadastrar em todas as corretoras. As mais conhecidas são:

OBS: Estas corretoras estão cadastradas no **BM&F Bovespa (principal bolsa de valores do Brasil)**, assim como outras corretoras também, mas citei essas por serem mais conhecidas, além de servirem de referência a canais do **Youtube** como, **Lucro FC, Me poupe, O Primo Rico**, os quais discorrem sobre investimento e seus detalhes específicos com grande experiência na área.

Existem outras corretoras de valores renomadas no mercado, mas como o intuito desse e-book é te ensinar a pensar como um investidor (a), **enxergar o pouco como uma oportunidade para o muito** e se regrar em seus hábitos com o seu patrimônio, não vem ao caso eu detalhar em texto o mundo de todas as corretoras, porquanto como disse, o ser humano de um modo geral é muito visual, então, acredito que essa parte específica do ato de começar a investir, através de uma dessas corretoras que mostrei e também de vídeos dos canais do Youtube que citei, lhe darão boas perspectivas do que você deve fazer com o seu dinheiro, pois são inúmeras as grandes oportunidades de ganhos através do mundo das corretoras de valores e seus investimentos. Então, mantenha-se atualizado (a) sobre as Taxas rendimento, sobre as promoções que as corretoras lançam, etc.

CERTO? ENTENDEU ATÉ AQUI? ENTÃO VAMOS CONTINUAR...

Você se lembra do valor que conseguimos dentro de um ano com um **salário líquido de R$ 797, 74?**

NOVEMBRO	R$ 20,00	R$ 40,00	R$ 60,00	R$ 80,00
DEZEMBRO	R$ 20,00	R$ 40,00	R$ 60,00	R$ 80,00
13º		R$ 954,80		
MOEDAS		R$ 690,00		
10% SALÁRIO em 12 meses		R$ 1145,76		
TOTAL				R$ 5190,56

POIS BEM, AGORA EU VOU TE MOSTRAR UM EXEMPLO DE SIMULAÇÃO, DO QUANTO MEDIANTE OS ATUAIS JUROS ESSE DINHEIRO RENDERIA:

Vamos lá!

Se eu aderisse a um título do **Tesouro Direto**, como, por exemplo, o **Tesouro Selic 2025**: entre o ano de **2019 e 2025**, os **R$ 5190,56** se transformariam em:

Simulação detalhada

Tesouro Selic 2025

Data do resgate: 01/03/2025
Valor inicial investido: R$ 5.190,56
Soma dos valores investidos (nominal): R$ 5.190,56

Investimento	Valor bruto de resgate (R$)	Rentabilidade bruta (a.a.)	Custos (R$)	Valor do imposto de renda (R$)	Valor líquido de resgate (R$)	Rentabilidade líquida (a.a.)
Título	7.889,64	7,47 %	92,76	404,86	7.372,91	6,23 %
Poupança	6.986,61	5,24 %	0,00	0,00	6.986,61	5,24 %

Observe a diferença do rendimento do **Tesouro Selic 2025** com a Poupança:

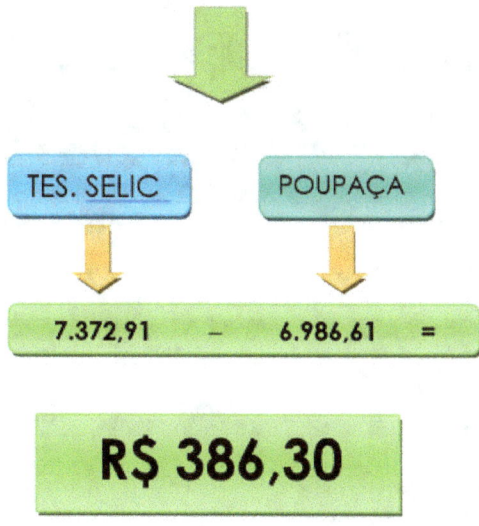

TES. SELIC — POUPAÇA

7.372,91 − 6.986,61 =

R$ 386,30

São **R$ 2.182,35** a mais em relação ao dinheiro investido (**R$ 5190,56**) e **R$ 386,30** a mais do que o rendimento da Poupança.

Agora pense bem: esse dinheiro rendeu tudo isso em **6 anos**, sem você fazer nenhum aporte mensal, **agora, já imaginou** você depositando todos os meses um valor na conta da corretora? O rendimento seria muito maior que esses **R$ 2.182,35**

Veja a minha dica a você:

Se você ainda não conhece o mundo dos investimentos pelas corretoras de valores, **fique um ano** pesquisando e aprendendo sobre esse assunto, para que quando você for investir, você já esteja confiante nesse quesito. Aprenda antes de começar!...

...MAS, enquanto você aprende, pratique a minha técnica.

Agora, veja na prática a minha dica funcionando:

1º Ano - Ajuntar					
1ª Semana	2ª Semana	3ª Semana	4ª Semana	Total/Mês	Total/ANO
R$ 20,00	R$ 40,00	R$ 60,00	R$ 80,00	R$ 200,00	
10% do Salário: R$ 95,48				R$ 95,48	R$ 5190,56
Moedas acumuladas R$ 690,00				R$ 295,48	
2º Ano em diante...					
Investir os R$ 5190,56 numa corretora de valor, aportando mensalmente R$ 295,48					

Valor inicial: 5.190,56

Aporte mensal: 295,48

Se assim você fizer e investir no mesmo **Tesouro Selic, com período de 6 anos**, o seu rendimento será:

Data do resgate: 01/03/2025	Valor inicial investido: R$ 5.190,56		Aportes mensais: 295,48 (69)	Soma dos valores investidos (nominal): R$ 25.578,68			
Investimento	Valor bruto de resgate (R$)	Rentabilidade bruta (a.a.)	Custos (R$)	Valor do imposto de renda (R$)	Valor líquido de resgate (R$)	Rentabilidade líquida (a.a.)
Título	33.248,18	7,54 %	260,27	1.166,92	31.780,09	6,24 %
Poupança	30.713,41	5,25 %	0,00	0,00	30.713,41	5,25 %

Olha a diferença do valor total!!!!!

São **R$ 6.201,41** a mais em relação ao dinheiro investido durante **6 anos** e **R$ 1066,68** a mais que o rendimento da Poupança!

E AÍ, FAZ DIFERENÇA?

Você pode escolher durante **6 anos** ganhar um total de **R$ 7.372,91** ou ganhar **R$ 31.780,29**

Faça a sua escolha!!!

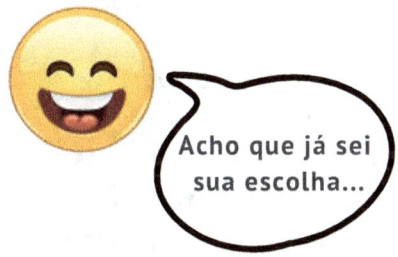

Acho que já sei sua escolha...

Agora, se você optasse por deixar o seu dinheiro aplicado por um pouco mais de tempo seguindo a mesma metodologia que utilizamos no exemplo anterior,

Valor inicial:	Aporte mensal:
5.190,56	295,48

Simulação detalhada

Veja que o valor total guardado foi **R$ 61.922,72**, e o que você conseguiu a mais de rendimento foi **R$ 56.061,17 (quase o dobro)**, totalizando **R$ 117.983,89**

Veja como é possível realizar os seus sonhos com pouco, e como já ressaltei, esse investimento (Tesouro Direto) é só o "pico do iceberg", porquanto há muitos outros investimentos que renderão mais, como **Mercado de Ações, CDBs, Fundos Imobiliários entre outros.** Mas, não vou ficar detalhando cada investimento com várias simulações porquanto a cada dia as corretoras oferecem **ofertas de ótimas taxas de rendimento** para seus associados, por isso se você não fez ainda, **"corra" e faça já a sua conta numa corretora para que você possa usufruir de todo esse universo financeiro!**

Além disso, você pode fazer as suas próprias simulações de acordo as suas necessidades, acesse também:

Simulador Tesouro Direto, ou:
https://simulador.tesourodireto.com.br/#/inicio

A respeito de **Renda Variável**, posso te tranquilizar sobre alguns medos que você pode ter em começar nesse mercado. Por isso, destaquei alguns ensinamentos do maior investidor pessoa física no Brasil, que pode muito te ajudar com alguns conselhos:

Filho de imigrantes, Luiz Barsi Filho trabalhou na infância e juventude como engraxate, alfaiate e vendedor de balas. Por volta dos 14 anos, conseguiu um emprego em uma corretora de valores, fez o curso técnico em contabilidade e enveredou de vez pelo mercado financeiro. Depois, graduou-se em Direito e Economia.

Por volta dos 30 anos, começou a se preocupar com **aposentadoria**. Seguindo sua filosofia de investimento em empresas sólidas, perenes e que pagam bons dividendos, conseguiu em 10 anos obter renda passiva para não precisar mais trabalhar. A fortuna só foi crescendo nas décadas seguintes, o que tornou o método de Barsi famoso.

Atualmente, a estratégia do bilionário é ensinada por meio da plataforma AGF (Ações Garantem o Futuro). Veja a seguir, **5 lições de Barsi** sobre o investimento em ações:
"Disciplina e paciência são dois fatores fundamentais ao investir"

Se você quer seguir o método Barsi de investimentos pensando em aposentadoria e renda passiva, é essencial ter disciplina, paciência e consistência nos aportes. Somente com organização será possível atingir o objetivo de conseguir um volume significativo em dividendos.

"Escolha uma prioridade e lute por ela"

Barsi se referia a aportar capital em uma empresa e manter os recursos nas ações, sem que o investidor se deixe abalar por flutuações de curto prazo.

"No mercado, tem de pensar em investir em geração de riqueza e não em investir em agiotagem"

O megainvestidor deixa claro que o investimento em ações deve ser focado na geração de riqueza, no longo prazo, não em mera especulação. Segundo Barsi, um comportamento de "agiota" seria ficar mudando da renda fixa para a variável só porque o cenário de juros se modificou.

"O investidor tem de exorcizar essa questão de se preocupar com o mercado"

Se tem uma coisa que Barsi não se preocupa, é com o desempenho do Ibovespa. Isto porque o importante, segundo ele, é a performance do papel que o investidor tem na carteira. Além dos dividendos pagos por aquela ação, claro.

"Nunca odeie o dinheiro a ponto de ser um perdedor nato"

O investidor precisa entrar na Bolsa para ser um vitorioso e, para isso, deve aplicar dinheiro em empresas consistentes. Para Barsi, o investidor que pratica "agiotagem" na Bolsa, investe segundo especulação, odeia o dinheiro e pode se tornar um "perdedor nato".

Origem de Barsi

Luiz Barsi é uma figura lendária no mundo dos investimentos brasileiros, uma verdadeira encarnação do sonho do investidor autodidata. Ele nasceu em 1939, em uma família de origem humilde na cidade de São Paulo. Sua mãe era costureira e seu pai, um ferroviário, faleceu quando Barsi tinha apenas um ano de idade. A vida não foi fácil para a jovem família, mas isso não impediu Barsi de sonhar grande.

Apesar das adversidades, Luiz Barsi foi capaz de construir uma carreira bem-sucedida e lucrativa no mundo dos investimentos. Aos 14 anos, ele começou a trabalhar como office-boy numa corretora de valores, onde teve seu primeiro contato com o mercado financeiro. Em pouco tempo, ele se apaixonou pelo mundo dos investimentos e, ao longo dos anos, desenvolveu uma estratégia de investimento baseada na compra de ações de empresas sólidas, com bons fundamentos e que pagavam dividendos generosos.

A estratégia de investimento de Luiz Barsi é uma inspiração para muitos. Sua abordagem conservadora, focada em investir a longo prazo em empresas que ele entende e que pagam bons dividendos, é uma prova de que é possível construir riqueza de forma gradual e constante. Luiz Barsi é conhecido por sua paciência e disciplina, características que lhe renderam o título de "Rei da Bolsa".

Por que ele é conhecido como "Rei da Bolsa"?

Luiz Barsi ganhou o apelido de "Rei da Bolsa" devido à sua habilidade notável para escolher ações que lhe renderam retornos substanciais ao longo do tempo. Seus investimentos inteligentes, combinados com sua abordagem de longo prazo, permitiram-lhe acumular uma das maiores fortunas pessoais do Brasil através do mercado de ações.

Luiz Barsi ganhou o apelido de "Rei da Bolsa" devido à sua habilidade notável para escolher ações que lhe renderam retornos substanciais ao longo do tempo. Seus investimentos inteligentes, combinados com sua abordagem de longo prazo, permitiram-lhe acumular uma das maiores fortunas pessoais do Brasil através do mercado de ações.

Ao longo dos anos, a estratégia de investimento de Barsi tem sido caracterizada por sua preferência por empresas que pagam dividendos consistentes. Ele acredita que os dividendos são uma importante fonte de renda passiva e um indicador do desempenho financeiro saudável de uma empresa. Além disso, Barsi também valoriza as empresas que têm uma gestão sólida e que estão posicionadas para o crescimento a longo prazo.

Luiz Barsi também é conhecido por sua disciplina e paciência quando se trata de investir. Ele geralmente evita a tentação de seguir as últimas tendências ou de fazer movimentos rápidos para obter lucros de curto prazo. Em vez disso, ele se concentra em construir uma carteira de investimentos sólida e diversificada que é projetada para fornecer retornos estáveis e sustentáveis ao longo do tempo.

"O Brasil é um país com uma bolsa rica e um mercado pobre"

UMA COISA É CERTA, DEPOIS DE LER ESSE E-BOOK VOCÊ NÃO SERÁ MAIS O MESMO (A), PORQUANTO AGORA VOCÊ SABE COMO COMEÇAR!

Se você chegou até aqui, é porque você realmente quer **mudar a sua vida** e eu te **parabenizo por isso**, pois pode acreditar que com essa sua força de vontade irás longe e alcançarás o que deseja seu coração...

Quero te agradecer por estar lendo essas últimas palavras, é sinal que o meu trabalho para desenvolver tudo isso valeu a pena, visto que a minha maior satisfação é poder ajudar as pessoas e fico feliz em saber que você é uma delas...

Atrás de um grande esforço há uma grande satisfação, o conhecimento é um deles, o qual você se esforçou em adquiri-lo ao ler página por página e agora pode executar essas experiências, desfrutando dos seus ótimos resultados...

> **O trabalho vai continuar, o esforço deve estar vivo em você, nos momentos de desânimo lembre-se dos seus sonhos, pois eles SEMPRE serão a sua maior motivação!**
>
> **Ass: Luís Felipe de Oliveira**

Compartilhe com as pessoas, assim como partilhei com você, porquanto se tudo isso fez bem para mim, fará bem a você e a todos os que valorizam o dinheiro como nós valorizamos.

PENSE NO FUTURO...
        PENSE NAS PESSOAS...
                PENSE COM SABEDORIA...

É claro que momentos de mudanças em nossas vidas devem ser lembrados, por esse motivo confeccionei um certificado para você preencher com o seu nome como portador (a) desse novo conhecimento que irá mudar a sua vida daqui para frente. Sendo assim, aqui vão algumas dicas quanto a ele:

1. Edite o certificado colocando o seu nome completo ou assinatura acima do campo "Beneficiado (a)". Você pode transformar essa página de PDF para JPG através do site **Smallpdf** no link: <https://smallpdf.com/pt/conversor-de-pdf>. Sendo assim, você poderá editar a imagem em programas como, por exemplo, Paint, digitando o seu nome ao invés de escrevê-lo com caneta. Porém, fica o seu critério;

2. Depois de editá-lo, imprima e plastifique o certificado para colocá-lo num quadro. Coloque em um lugar estratégico para que você possa-o ver todos os dias, servindo de motivação para lembrar-te que você tem condição de vencer e alcançar seus objetivos;

BOA SORTE!

CERTIFICADO

Este documento certifica que o beneficiado(a) se compromete a cumprir com os requisitos presentes no e-book "Meu Patrimônio Acumulado com apenas R$ 954,80" a luz do comprometimento pessoal a fim de alcançar sucesso financeiro e realidade dos valiosos sonhos. Essa declaração é um registro para motivação pessoal dos seus futuros ganhos financeiros, os quais dependerão de
FOCO, ESFORÇO e VISÃO A LONGO PRAZO

SUCESSO

Luís Felipe de Oliveira

Luís Felipe de Oliveira
Autor/Orientador

Beneficiado(a)
Autor(a) do Sucesso

Eu fico por aqui, depois me conte a sua experiência através do meu e-mail, será uma honra saber de todo o seu sucesso. Mais uma vez, compartilhe com seus amigos, familiares e conhecidos para que eles também possam acreditar que é possível.

...UM GRANDE ABRAÇO E O MEU MUITO OBRIGADO!

Palmas para você!

"ELABORE O SEU RELATÓRIO DE INVESTIMENTO NAS FOLHAS A SEGUIR E TESTEMUNHE A SUA PRÓPRIA TRANSFORMAÇÃO. REGISTRE O LEGADO QUE PRETENDE DEIXAR. FORÇA, GUERREIRO(A)!"

RELATÓRIO DE INVESTIMENTO

RELATÓRIO DE INVESTIMENTO

RELATÓRIO DE INVESTIMENTO

RELATÓRIO DE INVESTIMENTO

_____
_____
_____
_____
_____
_____
_____
_____
_____
_____
_____
_____
_____
_____
_____
_____
_____
_____
_____
_____
_____
_____
_____
_____
_____

RELATÓRIO DE INVESTIMENTO

RELATÓRIO DE INVESTIMENTO

RELATÓRIO DE INVESTIMENTO

RELATÓRIO DE INVESTIMENTO

RELATÓRIO DE INVESTIMENTO

RELATÓRIO DE INVESTIMENTO

RELATÓRIO DE INVESTIMENTO

RELATÓRIO DE INVESTIMENTO

RELATÓRIO DE INVESTIMENTO

RELATÓRIO DE INVESTIMENTO

RELATÓRIO DE INVESTIMENTO

RELATÓRIO DE INVESTIMENTO

RELATÓRIO DE INVESTIMENTO

RELATÓRIO DE INVESTIMENTO

RELATÓRIO DE INVESTIMENTO

RELATÓRIO DE INVESTIMENTO

RELATÓRIO DE INVESTIMENTO

RELATÓRIO DE INVESTIMENTO

RELATÓRIO DE INVESTIMENTO

RELATÓRIO DE INVESTIMENTO

RELATÓRIO DE INVESTIMENTO

RELATÓRIO DE INVESTIMENTO

_____
_____
_____
_____
_____
_____
_____
_____
_____
_____
_____
_____
_____
_____
_____
_____
_____
_____
_____
_____
_____
_____

RELATÓRIO DE INVESTIMENTO

RELATÓRIO DE INVESTIMENTO

RELATÓRIO DE INVESTIMENTO

RELATÓRIO DE INVESTIMENTO

RELATÓRIO DE INVESTIMENTO

RELATÓRIO DE INVESTIMENTO

RELATÓRIO DE INVESTIMENTO

RELATÓRIO DE INVESTIMENTO

RELATÓRIO DE INVESTIMENTO

RELATÓRIO DE INVESTIMENTO

www.ingramcontent.com/pod-product-compliance
Lightning Source LLC
Chambersburg PA
CBHW052337220526
45472CB00001B/458